BORIS GREFF

AUF DER STERNSCHEINPROMENADE

Gedichte

Boris Greff, geboren 1973 in Saarbrücken, lebt in Merzig/Saar, Studium der Hispanistik und Anglistik, literarische Übersetzungen, Veröffentlichung von Lyrik und Kurzgeschichten in mehreren Anthologien. Eigene Gedichtbände in verschiedenen Verlagen.

BORIS GREFF

AUF DER STERNSCHEIN-PROMENADE

GEDICHTE

Gill-Lyrik
Taschenbuch-Reihe, Band Nr. 32

BORIS GREFF
AUF DER STERNSCHEINPROMENADE
Gedichte

© 2023 by Boris Greff

Originalausgabe
1.Auflage August 2024

Titelbild:
Christa Mülhens-Seidl

Buchsatz:
Gill-Media

Coverdesign:
Renee Rott

© 2023 by
GILL-VERLAG Heinrich Heikamp
Labiauer Straße 4, 21762 Otterndorf
VLB.: 95833
www.gill-verlag.de
Alle Rechte vorbehalten.
Nachdruck verboten, auch auszugsweise.

Druck:
Eisermann-Buchdruck

ISBN 978-3-926800-57-2

Inhaltsverzeichnis

Seite 9	Vorbemerkung
Seite 11	Vorort-Vorwort
Seite 12	Farbabweichung
Seite 13	Soiree
Seite 14	Partylöwenmäulchen
Seite 15	Retrowelle
Seite 16	völlig unternächtigt
Seite 17	Filmriss
Seite 18	Glücksmoment
Seite 19	Tagewerk
Seite 20	Visionäres
Seite 21	Probeweise Reise
Seite 22	Na, warte!
Seite 23	Non stop a gogo
Seite 24	Kein Spaziergang
Seite 25	Kirmes
Seite 26	Vogelperspektive
Seite 27	Nachtlicht
Seite 28	Letzte Eh(r)e
Seite 29	Brachial
Seite 30	Denkmälern nachspüren
Seite 31	Tresenträume
Seite 32	Nachtwacht
Seite 33	Tagesabbruch
Seite 34	Spaziergang
Seite 35	Heute günstig
Seite 36	Geht schon
Seite 37	Verspäteter Nachmittag
Seite 39	Starkregenschwäche
Seite 40	Pragmatisch

Seite 41	Krudes Credo
Seite 42	Lebensretter
Seite 43	Round Midnight
Seite 44	Belcanto
Seite 45	Wer weiß?
Seite 46	Verstrickungen
Seite 47	Schleunigst
Seite 48	R.S.V.P.
Seite 49	Maritiramisu
Seite 50	Absperrung
Seite 51	Herr G.
Seite 52	Samstägliches
Seite 53	Oma
Seite 54	April
Seite 55	Sommerloch
Seite 56	Demonstrativ
Seite 57	Spaziergang
Seite 58	Im Stadtrandzentrum
Seite 59	Unholde Jugendzeit
Seite 60	Musik
Seite 61	Das alte Lied
Seite 62	Reichtumszeugnis
Seite 63	Straßenmusikant
Seite 64	Im Zoo
Seite 65	Im Schrebergarten
Seite 67	Wochenende
Seite 68	Ungeahnt
Seite 69	Verkehrschaos
Seite 70	In der Stadtbibliothek
Seite 72	Geglückt
Seite 73	Gefunden
Seite 74	Finale

Vorbemerkung

Alltag in einer Stadt – das mag im ersten Augenblick nicht nach hehrer Poesie klingen, sondern eher nach Hektik, Lärm und Routine. Dabei hat die romantische Lyrik nicht nur damit begonnen, das menschliche Unterbewusstsein literarisch auszuloten und die Natur intensiv zu betrachten, die sowohl idyllisch als auch lebensfeindlich sein kann; darüber hinaus hat sie sich auch mit dem Leben in der Stadt beschäftigt, das mit der aufkommenden Industrialisierung eine neue, durchaus zweischneidige Bedeutung erhalten hat.

In diesem Band soll es ebenfalls um das Leben in einer Stadt gehen; die vielen Begegnungen der Menschen, die dort leben, aber auch ihre Einsamkeit; die Befindlichkeiten und unerfindlichen Beweggründe von Menschen aller Altersklassen; die sozialen Belange, aber auch das private Schicksal des einzelnen Individuums. Sicherlich kommt auch die Kehrseite des urbanen Lebens zur Sprache, Stress, Arbeit, Alltagseinerlei, allerdings ebenso die immerwährende Faszination des städtischen Zusammenlebens, die Vielfalt der Entfaltungsmöglichkeiten, das Verliebtsein, die Glücksmomente.

Liebe und Tod spielen eine zentrale Rolle; Einsamkeit und Geselligkeit; Arbeit und Freizeit; dabei darf auch Klatsch und Tratsch nicht fehlen, ebenso wenig wie philosophische Fragen nach dem Sinn des Lebens, nach dem Tod, dem Leben danach – alle diese mannigfaltigen, kontrastreichen Facetten sollen in Form von Gedichten auf den Punkt gebracht werden.

Warum aber ein Gedichtzyklus, weshalb nicht Essays, Erzählungen oder ein Roman?

Die Dichtung ist das Genre größter Vielschichtigkeit; sie kann schnappschussartig das Wesentliche kondensieren und in seiner Bedeutungsfülle einfangen. Die Knappheit der Worte lässt Zeit und Raum für die eigenen Empfindungen, für das Weiterdenken, das Nachspüren. Auf der einen Seite kann man sich durch die Spiegelung der eigenen Lebensumstände in den Versen öfters wiederfinden; andererseits kann man sich durch das Erlebnis des „Aha-Effekts", den ein neuer Blickwinkel, eine veränderte Perspektive, eine ungewohnte Farbgebung mit sich bringt auch ganz wunderbar in der Dichtung verlieren – um sich dann wieder neu zu orientieren.

In diesem Sinne lade ich Sie sehr herzlich ein, mit mir über die Sternscheinpromenade zu schlendern; wir werden vielen Menschen begegnen, zahlreiche Orte aufsuchen und im besten Falle auch feststellen, dass der Alltag so ganz und gar nicht alltäglich ist, sondern sogar ziemlich einzigartig, aufregend und spannend, wenn man nur genauer hinsieht.

Allerdings ist meine Mission erst dann erfüllt, wenn Sie in Gedanken, oder auch ganz tatkräftig mit dem Stift, die Gedichte weiterlesen, weiterdenken, weiterschreiben, und sich ganz zu eigen machen – und im Nachgang unsere Promenade mit Ihren persönlichen Bild- und Wortwelten ergänzen; denn die Sterne scheinen für uns alle; wir müssen nur wach genug sein, um sie zu sehen.

Boris Greff

Vorort-Vorwort

In der Siedlung unten am Bahndamm
schlafen die Häuser nahe am Gleisbett;
alles dröhnt und vibriert bei jeder Tram;
das Glas tanzt dann auf dem Regalbrett.

Ein Junge schiebt sein Fahrrad durch die Straße.
Eine alte Frau raucht schweigend auf dem Balkon.
Ein grauhaariger Mann geht langsam durch die Gasse
lauscht andächtig einem Akkordeon.

Aus den Fenstern halbe Sätze.
Nasse Tücher werden ausgewrungen.
Es gibt viele solcher Plätze.
Manch einer ist vor den Zug gesprungen.

Auch in Beton, in Teer und Asphalt
stirbt nicht das Leben, erstirbt nicht das Lachen.
Der Tag ist verbraucht, ist müde und alt;
Die Nacht kann nun ihr Sternfeuer entfachen.

Farbabweichung

Eine wolkenweiche Kissenschlacht
zerwühlt das blaue Himmelbett;
die Sonne sengt und gleitet sacht;
der Horizont ist ihr Parkett.

Tausend Halme halten mich;
grelles Gras, mit bunten Blüten gemasert;
ein baumgesäumter Blumenteppich,
von Büschen an den Rändern leicht zerfasert.

Mühelos kannst du all das überstrahlen,
trägst Regenbogenreiche in deinem Blick;
bist gekommen, um alles noch bunter zu malen;
willst dich nicht fügen in dein blasses, graues
Geschick.

Soiree

Laternen und Lichtgirlanden
beleuchten den nächtlichen Pavillon;
zufällige Paare, die sich fanden,
schwach erhellt von einem Lampion.

Schwarze Nacht tilgt die Umgebung;
Schritte knirschen auf dem Kies;
das alte Schloss auf der Erhebung;
helle Flammen, ein voller Spieß.

Melodien verfangen sich in den Hecken,
aus dem Ballsaal weht Gesang;
im Schutz der Nacht lässt sich entdecken,
was tagsüber noch nicht gelang.

Silbern lauscht dem hohen Mond
eine Silhouette voller Einsamkeit;
die Sehnsucht, die ihr innewohnt,
vergoldet die Unendlichkeit.

Partylöwenmäulchen

Weißt Du noch, wie das damals war;
wir haben einfach die Sessel zur Seite geschoben;
vor der Wohnzimmerwand mit eingebauter Bar
hast Du mich zum Tanzen aufs Würfelparkett
gehoben.

Schallplatten mit dem Sound von James Last;
ein paar Schnittchen für die Gäste;
war alles improvisiert; hat alles gepasst;
wir hatten wenig; für uns war es das Beste.

Wir tanzten neben dem Nierentisch,
vor Tapeten mit grellem Design;
dein Rasierwasser roch verführerisch;
von da ab war ich für immer dein.

Kinder kamen, blieben eine Zeit und gingen;
so schnell verflog alles, wie in einem Traum;
deine Arme, die mich damals schon umfingen,
halten mich für immer, durch Zeit und Raum.

Retrowelle

Hast eine Erinnerung in mir geweckt;
reihenweise Bilder hervorgerufen;
der reinste Domino-Effekt;
ich stieg hinab in großen Stufen.

damals, als Kind, mit Schorf auf den Knien,
schoss ich tagelang den Ball gegen die Wand;
spürte den Drachen an der Leine ziehen;
bin wild und frei mit dir herumgerannt.

Dekaden sind seither verstrichen;
geliebte Menschen, nur noch Photographien;
bin mir seitdem öfters ausgewichen;
habe alles vergessen, alles verziehen.

Gedanken zündeln an der Gelassenheit;
stören die innere Besitzstandswahrung;
Gefühle liegen im Widerstreit;
geben manchem Selbstzweifel neue Nahrung.

völlig unternächtigt

Eine Kutsche auf der Sternscheinpromenade;
kleine und große Wagen auf vollen Milchstraßen;
solch eine spalierfunkelnde, glutgleißende Kavalkade
kann auch im Sonnenlicht nicht verblassen.

Gravitätisch schreiten die Mondkälber zum Krater,
steckt die Sonne ihre Pfeile in ein lichtloses Futteral;
die Mitternacht dehnt sich wie ein schwarzer Kater,
Kometenschweife dekorieren den Weltraumsaal.

Zögernd öffnete ich die Augenlider;
neonfarbene Zeiger in der Nacht;
schnell schloss ich sie dann wieder;
bin traumschwer erst viel später aufgewacht.

Filmriss

Ein ehemaliges Kino, ein Lichtspielhaus;
vergilbte Plakate im Schaukasten;
dort sah die Kleinstadt nach Glamour aus;
wieviele Träume auf diese Leinwand passten!

Zerknüllte Werbezettel im Rinnsteinschmutz,
Reklame für die Videothek gegenüber;
auch von der Fassade bröckelt schon der Putz;
das Pantoffelkino ist den meisten heute lieber.

Glamour, Flair und Atmosphäre
starben hier einen schnellen Tod.
Wenn nicht alles so profitorientiert wäre,
dann wäre der Teppich heute noch rot.

Glücksmoment

Kaugummikauend auf Rollschuhen gleiten;
der Himmel verschleudert eimerweise Azur;
sich schwerelos fühlen, voller Ewigkeiten;
die Wolken führen an einer Schnur.

Einem alten Paar Blumen schenken;
sehen, wie sie Jahrzehnte zerlächeln;
an nichts anderes als ans Fühlen denken;
ganz Palme sein, mit immergrünen Zweigen fächeln.

Mit Ohrwürmern den Hirnhumus lüften;
Einfälle in die Luft wirbeln, wie einen bunten Ballon;
sich berauschen an Rosenkelchdüften;
dir einen dampfenden Kaffee servieren auf dem
Balkon.

Deine Haut porenweise spüren;
deine Haare schimmern sehen im goldgebrannten
Licht;
soviel Glück will mir die Kehle zuschnüren;
ich seufze sacht und erlaube es nicht.

Tagewerk

Herr Müller steht heute in der Zeitung.
Frau Meier lässt sich demnächst scheiden.
Herr Schmidt sucht nach weiblicher Begleitung.
Den reichen Kunze kann man nur beneiden.

Der Pfarrer sitzt allein in der Kirchenbank;
der Gemischtwarenhändler sperrt den Laden zu;
der Patient ist immer noch chronisch krank;
beim Landwirt kalbt in der Nacht eine Kuh.

Ich bin immer noch auf Buchstabenflucht,
schreibe mich aus meinem Vorort in eine eigene Welt;
finde Reime, nach denen ich nie gesucht,
deute in jeder Bedeutung eine neue Welt.

Visionäres

Ich habe in einer Murmel die Zukunft gesehen;
sie ist stolz und prächtig wie ein Pfau;
ich habe gesehen, dass wundersame Dinge
geschehen;
erspähte einen wilden Hund in einem Drahtverhau.

Ich habe dem Schicksal in die Karten geschaut;
mit gerefften Röcken watete es durch den Fluss;
ich habe mich der Gegenwart ganz anvertraut;
am Ende der Zukunft ist nämlich Schluss.

Ich habe den äußersten Himmelsrand erspäht;
er verbirgt sich in den zarten Linien deiner Hand;
deinem leisen Lächeln, das kein Geheimnis verrät,
ist auch das Paradies durchaus nicht unbekannt.

Probeweise Reise

Mutter mit Kinderwagen am Bach;
ihr Hund zerrt an der Leine;
sie sieht etwas auf dem Handy nach;
leise jammert und wimmert der Kleine.

Kinder improvisieren ein Boot;
lassen es über Miniaturstromschnellen gleiten;
freuen sich an der Kleinformat-Seenot;
träumen vom Meer, Klippen und Gezeiten.

Die ganze Welt ist nur ein Modell;
ein wunderschöner, blauer Versuchsballon;
alles Leben, ein einziges „eventuell";
wirf Ballast ab, und schweb einfach davon.

Na, warte!

Warte nur ein Weilchen,
dann hat sich der Kleingeist überlebt;
lass sie nur Haare spalten mit ihrem Beilchen;
sie verfangen sich in Netzen, die sie selbst gewebt.

Warte nur ein Weilchen,
dann lasse ich all das hier zurück,
mit jedem Stiefelschritt lauf ich sieben Meilchen,
finde ein märchenhaftes Glück.

Warte nur ein Weilchen,
dann ist der Mietshausmief Geschichte,
und dank Amors kleinen Pfeilchen
schreib ich dir Briefe und Gedichte;

Gewartet hab ich nur ein Weilchen,
mein Haar wurd' grau, wurd' weiß, wurd' licht;
welk geworden sind die Veilchen,
und ungeschrieben blieb mein Gedicht.

Non stop a gogo

Ein Abend voll lauter Musik und wildem Tanz,
beschleunigter Atmung und peitschenden
Haarspitzen;
dem Rhythmus überließen wir uns ganz,
übertönten die Beats mit Scherzen und Witzen.

Wir fühlten uns so unsterblich, und sind es wohl
auch;
allerdings erst nach unserem Tod;
wir durchdrangen mit Funkelaugen den Nebel und
Rauch,
fühlten keine Müdigkeit bis zum Morgenrot.

Das ist alles lange her, und geht im Alltag unter;
Müdigkeit steckt immer öfter in allen Gliedern;
doch hält uns Musik immer noch munter,
und ich besinge dich nach wie vor in tausend
Liedern.

Kein Spaziergang

Weiherwärts folge ich meinen Gedankenblitzen
zwischen den Plattenbauten und Strommasten versteckt;
vielleicht sehe ich sie auch heute wieder dort sitzen;
auf der graffiti-übersäten Bank, von Zweigen halb bedeckt.

Sie spricht immer mit mir, neckt mich und lacht;
seit Monaten balgen sich in mir Mut und Übermut;
ich liege erinnerungssüchtig wach in der Nacht;
sie hat Macht über mich; hoffentlich geht das gut.

Heute ist die Bank zum ersten Mal leer.
Nur ein Schwan zieht seine Kreise.
Mein Herz wird schlagartig schwer.
Mir schwant Übles, und ich fluche leise.

Kirmes

„Halbstarke", mit Tätowierung und Zigarette,
bugsieren die Autoscooter im Stehen zurück;
Nietengürtel, Stachelarmband und Kette,
Coolness und Kühnheit im Blick.

Unterhaltungsnomaden mit Kraft und Geschick,
das Leben frei, und doch auch eingespielte Routine;
das Kabel ist gebrochen, der Träger hat einen Knick,
hier eine rostige Schraube, dort eine defekte Platine.

Flirten mit den Mädels, nach Feierabend ein
schnelles Bier,
nichts bleibt, morgen geht es wieder weiter;
nur flüchtige Abenteuer, nichts geht mit, alles bleibt
hier,
doch das Kirmesvergnügen ist auch nicht immer
heiter…

Pöbelnde Betrunkene, ständige Scherereien, Gewalt,
leere Dauerregentage, wenig Geld;
als Schausteller wird man nicht leicht alt,
doch das wird nicht zur Schau gestellt.

Vogelperspektive

Der Vater vor der Sportschau, die Mutter beim Bügeln;
die Schwester spricht seit Stunden am Telefon;
er schaut aus dem Dachfenster, fühlt die warmen Ziegeln;
auf der Haut hinterlässt die wabernde Sonne ihren Goldton.

Winzig wie Matchboxautos der Verkehr auf der Straße,
geschrumpfte Menschen auf Stecknadelgröße;
die Eisenbahn verkleinert auf Märklin-Maße;
nebenan riecht er Oma Fridas selbstgemachte Klöße.

Die Miniaturwelt liegt ihm zu Füßen;
keine Paläste, keine Ländereien, kein Feenreich;
hier ist alles aus Beton, bieder und spießig;
dennoch wird er bei dem Anblick sanft und weich.

Ist es auch noch so eng, so schmutzig, so grau;
tritt das Leben hier auch auf der Stelle;
eines weiß er in seinem Inneren ganz genau;
Heimweh verspürt man selbst nach der Hölle.

Nachtlicht

Rücklichter wie rote Raubtieraugen,
Scheinwerfer blenden die dunkelsten Schatten;
die Dunkelheit lässt sich von der Laterne aufsaugen,
am lichtlosen Bach balgen sich die Ratten.

Vom Hafen dröhnt ein Nebelhorn,
die Welt hüllt sich in einen milchigen Kokon;
zerstreut lese ich die Seite noch einmal von vorn,
die Gedanken laufen mir davon.

Meine Gefühle tappen noch im Dunkel,
ich weiß nicht, was ich denken soll;
ich starre in das Lichtergefunkel;
mein Kopf ist leer, mein Herz ist voll.

Letzte Eh(r)e

Auf dem städtischen Zentralfriedhof Reihe sieben
gießt er fast zärtlich die kümmernden Pflanzen;
tatsächlich ist er von beiden übriggeblieben;
der Schmerz durchbohrt ihn mit tausend Lanzen.

Dass ihre höhere Lebenserwartung sie beide trog,
kam unerwartet, hätten sie niemals geahnt;
sie gerieten ihn einen verhängnisvollen Sog,
dabei hatte jeder zur Besonnenheit gemahnt.

Doch konnte sie nicht gegen ihr Naturell
rieb sich buchstäblich für andere auf;
so etwas rächt sich schnell.
Das Schicksal nahm seinen Lauf.

Der Kies knirscht unter seinen Füßen,
er füllt die Plastik-Gießkanne bis zum Rand;
er spürt ihre Wärme beim Blumengießen;
weder Hölle noch Tod zerreißt dieses Band.

Brachial

Eingezwängt zwischen Tischlerei und Baumarkt;
eingesperrt hinter verwitterter Drahtumzäunung;
daneben Autoschlangen kurz vor dem
Verkehrsinfarkt;
Unterarme im offenen Fenster mit Sonnenbräunung.

Wilde Wiese wuchert hier;
ein Fleckchen Welt liegt hier herrlich brach;
ungestört tummelt sich hier allerlei Getier;
neben dem Gras murmelt ein kleiner Bach.

Niemand achtet auf den letzten Zipfel Natur;
jeder schaut auf Tacho, Handy oder Plakat;
manche blicken lediglich auf ihre pulsmessende Uhr;
das Niemandsland da draußen ist ihnen zu fad.

Denkmälern nachspüren

Die Inge wurde einfach müde und schlief ein.
Den Horst hat man vor dem Fernseher nach
Wochen entdeckt.
Hilde fiel einfach wortlos um, mutterseelenallein.
Der Herrmann ist vor Jahren im Krieg verreckt.

Siegfried ist noch da, geht schon auf die Hundert zu;
Marianne liegt schon lange fest und wird gepflegt;
Gerhard findet nach Jahrzehnten immer noch keine
Ruh';
Anna hat ihre Aktiengewinne wieder neu angelegt.

Kriegsveteranen und Trümmerfrauen gibt's kaum
noch;
Vergangenheit und Zukunft steht in den Sternen
geschrieben;
doch halten wir die Erinnerungen an Euch hoch;
Ihr seid fortgegangen – und doch auch
hiergeblieben.

Tresenträume

Blonde Strähnen fallen dir in die Augen,
glänzen heller als der chromfunkelnde Zapfhahn;
Umsitzende, die jedes deiner Worte aufsaugen,
sehen dich teils verschämt, teils begehrlich an.

Du plauderst munter, neckst sie heiter;
polierst lässig ein Bierglas blank;
die Arbeitnehmer müssen wieder weiter;
erheben sich seufzend von der gepolsterten Bank.

Keiner der Anwesenden weiß von deinem Studium;
deine Zukunftsträume interessieren hier nicht;
doch nimmst du das nicht weiter krumm;
nicht du, sondern die anderen verlieren ihr Gesicht.

Du malochst im Niedriglohnsektor viele Stunden;
träumst von einem erfüllten, einem besseren Leben;
manche haben es nach langer Zeit ja auch gefunden;
manche jedoch nicht: die blieben zeitlebens hier
kleben.

Nachtwacht

Ich kann nicht schlafen
zu hell brennt dein Bild in mir;
die Nacht bietet mir heute keinen Hafen;
Der Mond heult den Wolf an wie ein Tier.

Der Wind rüttelt an den Zweigen,
schrillt durch Laubreste und Wolkenfetzen;
die Bäume tanzen auf der Stelle einen Reigen,
meine rastlosen Gedanken wollen sich nicht setzen.

Deine weiche Stimme schneidet sacht
tiefe Goldspuren in mein Gedankenfeuer;
draußen tobt der Sturm durch die Nacht,
in mir wütet ein alles zerreißendes Ungeheuer.

Tagesabbruch

Ein Junge tritt eine leere Getränkedose vor sich her,
die Hände in den Hosentaschen versenkt;
Eine Frau betrachtet ihn, das Herz wird ihr schwer;
ihr Jüngster hat sich vor Jahren auf dem Speicher
erhängt.

Ein junger Autonarr wienert die Felgen blank,
aus dem Radio dröhnt hypnotischer Sprechgesang;
Ein Pärchen sitzt verträumt auf einer Bank;
ein Angler am Fluss betrachtet seinen Fang.

Verschämt hastet ein Mann aus der Spielothek;
ein obdachloser Jüngling wühlt im Container nach
Essen;
im Lokal verläuft Kräuterbutter auf einem Steak;
ein Greis hockt im Durchgang, übersehen und
vergessen.

Die gleichen bunten Steine,
immer neu im Kaleidoskop;
wie Kaulquappen ohne Beine
sind wir gefangen im Biotop.

Spaziergang

Wimpern wie schwarze Sonnenstrahlen;
gletschereisiges Blau umringt die Pupille;
Strähnen, die dir in die Augen fallen;
dein leises Lachen parfümiert die Stille.

Du strahlst Gelassenheit aus und Güte;
dehnst dich nach einem tiefhängenden Ast;
zu weit entfernt die weiße Blüte;
hebe dich hoch, halte deine Hüfte umfasst.

Lachend pflückst du deine Beute,
steckst sie dir ins Haar, schlenderst langsam weiter;
hauchfeine Ewigkeit spüre ich schon heute –
bist mein Paradies, und meine Himmelsleiter.

Heute günstig

Zigarettenstummel und verbogene Getränkedosen;
überall wirbelt achtlos weggeworfenes Papier;
der Prospekt bewirbt für den Garten bunte
Mimosen;
ein paar Jugendliche in Kapuzenpullis sitzen immer
hier.

Gegenüber haben sie die alte Brauerei abgerissen;
die Post ist mittlerweile innerstädtisch umgezogen;
Im Warenhauseingang liegt ein Schlafsack mit
Kissen;
ein Selbstgesprächler fühlt sich vom Leben betrogen.

Bunte Tüten stapeln sich im Einkaufswagen;
die Stimme aus dem Lautsprecher rezitiert
Sonderpreise;
flauschig-weiches Toilettenpapier mit vier Lagen;
ich erhasche deinen Blick: trotz allem Alltag lächelst
du leise.

Geht schon

Einmal wieder ans Meer, denkt Luigi laut.
Endlich wieder Tapas essen, schwärmt Juan.
Kemal ist nur seine deutsche Heimat vertraut;
seine Großeltern fingen ganz bei null hier an.

Rüdiger seufzt, dass keiner mehr heißt wie er;
der Männergesangverein ist auch aufgelöst worden;
mit Kemal ist er in der Feuerwehr;
mit Juan verlieh er jahrelang Karnevalsorden.

Luigi ist wie er ein begeisterter Sänger;
gemeinsam träumen sie abends bei Skat und Bier.
Die Sonne sinkt, die Schatten werden länger;
lass mal gut sein; ist doch eigentlich ganz schön hier.

Verspäteter Nachmittag

Laura sitzt am Brunnen neben der Einkaufspassage
auf einer Bank;
gestylt wie aus einem Modemagazin, unglücklich und
herzenskrank.
Tränen lösen ihren mit dem Display verschmolzenen
Blick;
fünf Worte schredderten ihre Hoffnung von Liebe
und Glück.

Hastige Menschen bilden eine zusammenhanglose
Gruppe,
jeder für sich, eine von der Uhr gehetzte
Aufziehpuppe.
Ihre mitleidigen Blicke hemmen jedoch nicht ihren
Schritt;
niemand bleibt für das Mädchen stehen, kommt aus
dem Tritt.

An Laura gehen Blicke und Menschen unbemerkt
vorbei;
die Welt um sie herum ist ihr vollkommen einerlei.
Sie hat nicht nur ihn, sondern auch sich selbst
verloren;
sie verflucht sich selbst für die Treue, die sie ihm
geschworen.

Dunkelheit bricht an, eine Katze hinter einer
Mülltonne;
golden verblutet sich die täglich sterbende Sonne;

Laura sitzt reglos, die Katze streicht ihr tröstend um die Beine;
das Mädchen lächelt; einsam, verlassen, und doch nicht ganz alleine.

Starkregenschwäche

Regenschwaden auf pfützenreichem Teer,
schwadenschwerer Dunst wie aus Gaze gewebt;
die Straßen liegen einsam und leer;
heute wird sonnenlos im Inneren gelebt.

Tropfen haben sich zu Fäden verflochten,
bilden auf der Wasseroberfläche Kreise;
keine Schlacht wird heute mehr gefochten,
die Welt saugt sich voll, ganz still und leise.

Rosenloser Buschwind bläht die Zweige,
greift die Baumwipfel beim Schopf;
bei Regenwasser werden alle feige,
fürchten um die Frisur auf ihrem Kopf.

Mit gelbem Ölzeug und quietschroten
Gummischuhen
springt die kleine Marlene von nebenan in jede
Pfütze;
statt vor Fernseher und Spielkonsole auszuruhen
lacht sie herzhaft über den Schlamm und das
Gespritze.

Ihr Anblick freut mich königlich;
so war ich auch; so will ich wieder sein;
nicht die Vergangenheit holt mich,
sondern ich hole die Vergangenheit wieder ein.

Pragmatisch

Heute halte ich Trauer und Verdruss,
Befürchtungen und Schmerzen,
hermetisch unter Verschluss,
bedeckt mit tausend Scherzen.

Heute klage ich niemandem mein Leid
auch nicht mir selbst, schalte alles stumm;
alle Probleme entfernen sich unendlich weit;
angesichts meiner Zweifel stelle ich mich dumm.

Endlich glückt mir mal das Glücklichsein,
anlasslos und ungezwungen,
und im sanften Kerzenschein
hat die Flamme stumm ihr Lied gesungen.

Krudes Credo

Ich zünde eine Kerze an, für die Alten und die Oma;
das ist bei mir so Brauch;
wer meine Biker-Stiefel sieht, fällt fast ins Koma;
ich bin Rocker – und gläubig bin ich auch.

Ich liebe meine Harley, Benzingeruch und PS;
alle fürchten sich vor Leder, Muckis und Tattoos;
dabei lasse ich jeden in Ruhe, will keinen Stress;
statt Heavy Metal höre ich auch mal Schlager oder
Blues.

Ich bin ein Kinderschreck, frei und wild;
bin finster, stark, unrasiert und laut;
und doch knie ich hier vor'm Marienbild;
hätt' man mir gar nicht zugetraut…

Lebensretter

Eine Zigarette auf dem Balkon
der Kopf raucht mir auch schon ohne;
stundenlang am Telefon;
grämlich-grau die Siedlung, in der ich wohne.

Ein Kaffee *to go* auf die Schnelle,
muss wieder los, hab' diese Woche Nachtschicht;
haste los, erwische noch die grüne Welle;
der Parkplatz ist wieder bis zur letzten Lücke dicht.

Ein Brötchen auf die Schnelle aus der Faust;
Pause ist nicht, klingelt ununterbrochen auf der vier;
und während jeder atemlos zum nächsten Notfall saust,
sind meine rettenden Gedanken die ganze Zeit bei dir.

Round Midnight

Leer die meisten Tische
nur ein paar verträumte Paare
nicht viel Umsatz, kleine Fische
eine Frau am Tresen richtet ihre Haare.

Die üblichen einsamen Träumer,
zu gut und schüchtern für diese Welt;
ich spiele noch ein paar Abräumer,
gebe zum Besten, was das Publikum bestellt.

Ich fühle mich wie in einem Bild von Edward
Hopper;
Neonlicht, gemeinsame Einsamkeit, Melancholie;
die Bedienung wischt durch mit Meister Propper;
an die Sperrstunde gewöhne ich mich wohl nie.

Für mich bräuchte die Nacht nie zu Ende gehen;
wartet eh niemand mehr auf mich zu Haus;
ich spiele automatisch weiter, ohne hinzusehen;
zögere ihn noch etwas hinaus – den Schlussapplaus.

Belcanto

Zum ersten Mal im Opernhaus,
festlich rausgeputzt und feierlich gestimmt;
ein opulenter Ohrenschmaus,
eine Geschichte, die mich mitnimmt;

Wir haben die Loge ganz für uns allein;
blicken hinunter auf die gespielte Welt;
wie fühle ich mich so erhaben, und so klein;
alle Hörgewohnheiten auf den Kopf gestellt.

Kronleuchterkristalle funkeln
mit deinen Augen um die Wette;
meine werden feucht im Dunkeln –
nicht auszudenken, wenn ich dich nicht hätte!

Wer weiß?

Zwischen zwei Welten,
zerreiße ich mich täglich neu;
soll ich hoch oben im Himalaya zelten?
Oder bleibe ich diesem Fleckchen Erde treu?

Eine Folter der besonderen Art
peinigt mich subtil und leise:
gehe ich auf große Fahrt,
oder verschiebe ich die Reise?

Im Leerlauf rase ich mit Vollgas auf der Stelle,
weiß nicht, wohin mit mir und aller Energie;
ob der Weg zum Himmel führt oder in die Hölle
weiß man vorher leider nie.

Am Ende siegt die Trägheit der Masse,
das Beharrungsvermögen in der Komfortzone;
doch die panische Angst, dass ich etwas verpasse,
ist immer da, und tatsächlich auch nicht ohne …

Verstrickungen

Die alte Leni strickt Strümpfe und einen dicken Schal,
denkt an das Zähneklappern ohne wärmendes Textil;
durch Mark und Bein ging die Kälte in jenem Tal,
in dem ihr Mann im Russlandfeldzug fiel.

Er war vorher noch nie von zu Hause weg gewesen;
vom ersten gemeinsamen Urlaub hatten sie geträumt;
doch der menschenfressende Krieg kehrt mit eisernem Besen;
erstarrte, kältestarrende Leiber wurden bergeweise weggeräumt.

Tief sind die Linien in Lenis einst so glattem Gesicht;
tiefer als die Schützengräben die Furchen in ihrer Seele;
manche Wunden verheilen und vernarben nicht;
klappernde Stricknadeln, ein leises Schluchzen in der Kehle.

Sie ist jung geblieben;
ihr Schmerz wurde niemals alt;
niemand anderen konnte sie jemals lieben;
alle anderen Männer ließen sie unweigerlich – kalt.

Schleunigst

Immer weiter, immer rascher, immer schneller,
die einzelnen Speichen verschwimmen im Nu;
tritt nur feste, dann scheint die Sonne heller,
der Fahrtwind faucht, dein Fahrrad schnurrt dazu.

Die Landschaft dehnt sich in die Länge,
der Hügel bückt sich mit Gefälle;
im Vorbeiflug abgehackte Vogelgesänge,
das Rad hebt ab bei jeder Bodenwelle.

Nicht länger treten,
ausrollen lassen;
Häuserzeilen mit Blumenbeeten,
malerische Seitengassen.

Schwinge mich vom Sattel herunter,
schiebe das Rad langsam an den Rand;
wieder ist die Welt ein wenig bunter,
abenteuerlicher, als ich sie je empfand.

R.S.V.P.

Zwischen Textnachrichten, Messages und SMS
ein handschriftlicher Brief in frankiertem Umschlag;
neben vielen flüchtigen Botschaften im Alltagsstress
ein kostbares Kuvert, das zwischen der Werbung lag.

Ein Hauch von deinem Parfüm schwelte im Papier;
sorgfältig ausgewählte Worte schmolzen in mich ein;
deine elegant gerundete Handschrift als einzige Zier;
schnell ließ ich mehr Licht in das Zimmer hinein.

Zögerlich las ich zwischen den Zeilen;
sparte mir auf die letzten Sätze;
wollte noch so lange bei dir verweilen;
bei deinen Empfindungen, ganz ohne Hetze.

Deine bildsatte Sprache, die ich schlürfe;
deine Anspielungen, die ich austariere;
all dein Gedankengold, nach dem ich schürfe;
dass ich diesen Brief nur ja nie verliere!

Maritiramisu

Möwen, die über der Brandung keifen;
Hafenkräne, die nach Containern greifen;
Seetang trägt Plastikmüll auf dem Rücken;
riesige Schiffe an den Landungsbrücken.

Wogen schwappen, klatschen an die Mauer,
ihre rhythmische Gelassenheit kennt keine Trauer,
ich sitze auf der Umrandung, Salz auf den Lippen,
eine Gruppe Jugendlicher klettert über die Klippen.

Die Wolken lassen sich hängen, die Wolken lassen sich gehen,
lassen sich träge vom Wind über den blanken Himmel wehen.
Wie weit, wie weit holt das Meer zum Wellenschlag aus!
Ich sitze reglos hier draußen – und fühle mich ganz zu Haus'.

Absperrung

Gehen Sie weiter, bleiben Sie nicht stehen!
Machen Sie Platz, räumen Sie die Stelle!
Hier gibt es wirklich rein gar nichts zu sehen!
Treten Sie zurück bis hinter die Schwelle!

Haben Sie denn gar kein Herz? Keinen Respekt?
Ist Ihnen sowas noch nie untergekommen?
Dem Mann ist seine Karre verreckt;
fuhr damit in den See, ist an Land geschwommen.

Nun lassen Sie doch, sehen Sie nur, er ist völlig nass!
Haben Sie denn gar kein Mitgefühl?
Was!? Das ist doch wohl hoffentlich nur ein grober
Spaß!
Zersägte Leichenteile im Kofferraum? Das ist zuviel!

Herr G.

Herr Gantner kehrt jeden Samstag die Bordsteinrinne.
Unkraut wird aus jeder Ritze minutiös gezupft.
Hin und wieder hält er inne;
verschämt wird dann der Schweiß abgetupft.

Herr Gantner ist die Reinlichkeit in Person;
war in der Verwaltung tätig, äußerst akribisch;
nun ist er schon seit mehreren Jahren in Pension;
wenn er einen Falschparker meldet, freut er sich diebisch.

Herr Gantner hat alles richtig gemacht;
ist ein Vorbild in allen Belangen;
doch weint er sich heimlich in den Schlaf jede Nacht;
im Hochseesturm der Liebe ist er untergegangen.

Albträumend liegt er im adrett bezogenen Bett;
messerscharf filetiert von wühlendem Verlangen;
vor dem laufenden Fernseher nur noch ein Skelett;
so aufgefunden zu werden, erfüllt ihn mit Bangen.

Samstägliches

Das Geräusch, wenn das Wasser in die Wanne rauscht;
die krachende Kruste von ofenwarmem Brot;
das leise Lachen, das man tauscht;
noch nicht eingelöstes Morgenrot.

Dem Regen lauschen unter der Dachschräge;
die satten Lettern in einem neuen Buch;
sich in Decken kuscheln, aufmerksam und träge;
bunte Blumen verströmen ihren Geruch.

Sich sorgfältig schminken, mit dem Radio singen;
mit Lockenwicklern Werbeprospekte vergleichen;
sich freuen, wenn die neuen Kochrezepte gelingen;
in der Nacht leise die Treppe hochschleichen.

Die täglich neue, altvertraute Nähe;
ein Lächeln, das sich auf die Lippen wagt;
der Geruch des Grases, das ich gerade mähe;
dein stummer Blick, der alles sagt.

Oma

Immer weiter reißt der Himmel auf,
hängt schon am Seidenfaden;
der spitze Strahlenkranz der Sonne
verursacht großen Schaden.

Im Radio, ein altes Lied;
lässt die restliche Welt versinken;
die kleine Frau auf dem Balkon
seh' ich noch lange winken.

Das Bild im Rückspiegel tut so weh
wie eine rostige Klinge;
drum dreh' ich schnell das Radio auf;
und singe, singe, singe…

April

Gras sticht Lanzettenhalme durch den Schnee
Schneeregen fällt aus himmlischer Pipette;
Eiskristalle umkränzen den See;
ein schwerer Tropfen löscht deine Zigarette.

Die Straße glänzt unter weißgrauen Bruchstücken;
orangene Blinklichter kokett mit heller Haube;
kalte Polster, die auf die frühen Blüten drücken;
eine zum Eispalast mutierte Gartenlaube.

Schnelle Schmelze tränkt die Erde;
so leicht lässt sich der Frühling nicht stoppen;
damit die Sonne nicht übermütig werde,
kam ein letztes Mal die Kälte, um sie zu foppen.

Sommerloch

Die Sonne tritt heut auf der Stelle,
dem Wind ging längst die Puste aus;
die backofenheiße Hitzewelle
dörrt die letzten Gräser aus.

Den vertrockneten Rasen mäht keiner mehr.
Draußen sitzt man viel zu heiß.
Die Klimaanlage arbeitet schwer.
Noch in der Waffel zerrinnt das Eis.

Kalt hat ihn die Einsamkeit erwischt.
Alle fahren weg, nur er ist hier geblieben.
Das Lachen hat seine Spuren verwischt.
Seine Gedanken fischen im Trüben.

Sonne, Strand und Lagerfeuer
kennt er nur noch aus dem Werbespot.
Mit seinem geduldigen Alltagsbetreuer
sucht er beharrlich nach Trost und Gott.

Demonstrativ

Gemeinsamkeit: Plakat in der Hand.
Unterschied: die Slogans darauf.
Sie: starrt ihn schreiend an, ganz unverwandt.
Er: übertönt ihre Parolen, Wut steigt auf.

Polizei: gibt Anweisungen über ein Megaphon.
Hundestaffel: plaziert sich zwischen den Rivalen.
Reporter: filmt in high quality und mit Stereoton.
Versicherung: will die Schäden nicht bezahlen.

Sie: hasst ihn, wie kann man so denken?
– und ist doch leise fasziniert.
Er: möchte ihr keine Aufmerksameit schenken
– und fühlt sich seltsam von ihr berührt.

Langsam sinken die Transparente auf die Erde;
weichen einer anderen Art von Transparenz.
Weiter wälzt sich die meuternde Herde;
er und sie, verharren in uralter Reminiszenz.

Sie und er, stehen sich lächelnd gegenüber;
zwei Augenpaare werden ganz ohne Tränengas feucht;
zärtlich gibt sie ihm einen Nasenstüber;
die lauten Parolen sind ganz leise entfleucht.

Spaziergang

Wolken stocken in der Höhe,
ruhen vom gleichförmigen Gleiten aus;
Windräder befinden sich in der Nähe,
strecken ihre Arme in die Weite hinaus.

Stadtauswärts wandern sie stillschweigend;
Kaugummifreundschaft von früher Kindheit an;
Baumwipfel rauschen, sachte sich verneigend;
hinter der Hecke schreit heiser ein Fasan.

Frau mit Hund, Mountainbiker, Liebespaar;
nur wenige Menschen kreuzen ihre Wege;
Die plötzliche Stille dröhnt so sonderbar.
Kein Grashalm regt sich drüben im Wildgehege.

Weit entfernt die nahe Stadt;
Hügel umarmen die Täler und Bäume.
Die Seele ist ein Nimmersatt,
verschlingt Bilder, Hoffnungen und Träume.

Langsam wieder nach Hause geschlendert;
beiläufig die Finger einander verschränkt;
äußerlich scheinbar unverändert,
doch innerlich befreit und unbeengt.

Im Stadtrandzentrum

In der alten Fischfabrik
stehen alle Bänder still;
geht nicht vorwärts; gibt kein zurück;
bleibt nur ein dumpfes Druckgefühl.

Bäume wachsen durch das Dach;
Graffiti prangen an der Wand;
die Scheiben bersten nach und nach;
der Boden staubig und voller Sand.

Vögel nisten in den Mauerritzen,
ein Eichhörnchen eilt durch alle Bäume;
einen Fuchs sieht man in der Sonne sitzen
in einem der vielen Räume.

Trotz Verfall ist dies ein Rückzugsort
für so manchen Heimatlosen;
Behaglichkeit lässt sich nicht konservieren
wie die Fische in den Dosen.

Unholde Jugendzeit

Wieder so allein mit mir
Bierdose, Spielplatz und niemand sonst.
Meine Gedanken fliegen zu dir;
frage mich, wo du jetzt wohnst.

Hier haben wir gespielt als Kinder;
sind die Rutsche hinabgeglitten stundenlang.
Neulich sah ich dich auf Tinder.
Bei deiner Aufmachung wurde mir angst und bang.

Die Jungs hängen öfters mit mir ab;
Haare bunt und kurzgeraspelt.
Sie brachen über dich den Stab;
hätte mich dabei fast verhaspelt.

Sitze hier im Sandkasten
wie ein Zwerg in einer Sanduhr.
Manchmal muss ich einfach ausrasten;
gehe dann in keiner Spur.

Werde noch zum Kinderschreck;
die Anwohner schütteln nur den Kopf;
dabei spiele ich in Gedanken noch mit dir im Dreck;
ich, der kleine Bub, du, das Mädchen mit dem Zopf.

Musik

Mit den Kopfhörern im Zug.
Scrolle auf dem Display immer weiter.
Hab' von meiner Umwelt genug.
Nur Lemminge auf der Karriereleiter.

Spießer und frustrierte Existenzen;
Kaffeeklatsch und Dorftratsch pur.
In den Medien nur noch Pandemie-Inzidenzen;
Krisenstimmung, von Entspannung keine Spur.

Nichts als Krieg und Katastrophen,
apokalyptische Umweltmisere;
ich flüchte mich in Lieder und Strophen;
in allen Gesichtern nichts als Leere.

Eine alte Frau steigt mühsam in den Wagen;
stehe für sie auf; sie lächelt mich an.
Ich höre sie leise „dankeschön" sagen;
vielleicht wird doch noch alles gut. Irgendwann.

Das alte Lied

Nicht mehr gebraucht.
Kinder aus dem Haus.
Schnell noch eine geraucht.
Trinke gerade noch aus.

Nicht mehr geliebt.
Nach vierzig Ehejahren.
Letzte Chance versiebt.
Allein in Urlaub gefahren.

Nichts mehr genutzt.
Wollte mich völlig ändern.
Von der Sucht zurechtgestutzt.
Ausgefranst an allen Rändern.

Nicht mehr geglaubt.
Nicht an mich, nicht an dich.
Erinnerungen: verstaubt.
Versenke mich in mich.

Lehne am Fensterbrett.
Schaue glasig zur Straße hinunter.
Gleich wieder ins Bett.
Heut' werd ich nicht mehr munter.

Unser altes Hochzeitsbild.
Streiche langsam über den Rahmen.
Auch wenn mich der Alkohol killt –
diese Liebe wird nie erlahmen.

Reichtumszeugnis

Doppelt verglast, alles isoliert;
Wärmedämmung optimal.
Das Cabrio gewaschen und poliert.
Reisen all-inclusive, Dinner optional.

Zähne blendendweiß gebleicht.
Solariumsbraune Haut.
Alles im Leben erreicht.
Frau, Kinder, Haus gebaut.

Warum lebe ich dann noch hier?
Im engen Kleinstadtmief?
Der Big Boss bin ich nur auf dem Papier.
Hier sind meine Wurzeln, sie reichen tief.

Meine Mutter hat Büros gereinigt,
für uns geschuftet wie ein Tier.
Mein Vater hat sich unter Tage gepeinigt,
geackert wie ein Stier.

Wir lachten jeden Tag auch ohne Geld.
In diesem Kaff kenne ich jeden Winkel.
Doch in den Metropolen dieser Welt
bin ich nur ein einsamer, reicher Pinkel.

Straßenmusikant

Schiebe meine Finger den Gitarrenhals hinauf,
Melodienfetzen brechen aus den Akkorden;
Außer Musik steht nichts in meinem Lebenslauf;
spiele tags und nachts, im Süden wie im Norden.

Meine Klampfe ist die beste Freundin von allen;
versiegelt alle Sorgen in ihrem hölzernem Leib;
bin ihr mit Haut und Haaren verfallen;
Musik ist soviel mehr als nur ein Zeitvertreib.

Was ich nicht sagen kann, das singe ich;
stumme Schreie zerplatzen in den Saiten;
meine Gitarre lässt mich nie im Stich;
malt mir tausend Himmel mit endlosen Weiten.

Genug Scheine und Münzen liegen im Hut,
um mir einen Imbiss zu leisten;
Ich singe von Liebe, Hass, Hoffnung und Wut,
von den Ländern, die wir bereisten.

Nachts hülle ich mich in Sternenschein,
singe und zupfe in der Dunkelheit;
dank meiner Lieder bin ich nie allein;
Herz und Seele werden weich und weit.

Im Zoo

Schwarze Striemen auf halbweißem Ocker,
leuchten in der Sonne hell;
dein muskulöser Gang, entspannt und locker,
Todesgott im Tigerfell.

Schwarze Nadelstiche als Pupillen,
Augen leuchten wie Beryll;
verharrst geduldig erst im Stillen,
gehst dann weiter mit Gebrüll.

Raubkatze lebst voller Qualen
hinter eisernem Gestänge
träumst Tag und Nacht von den Bengalen
und der Flucht aus deiner Enge.

Bist trotz Geschmeidigkeit und Kraft
hilflos in diesem Zoo inhaftiert;
auch wir begeben uns in Einzelhaft,
werden durch unsere Engstirnigkeit limitiert.

Im Schrebergarten

Die Sonne lastet mit hartem Glanz auf den Blättern;
wasserlose Gräser, die stumm in der Hitze darben;
Erholungssuchende in Lauben aus schweren Brettern;
erkaltete Grillstellen neben ausgegrauten Grasnarben.

Alles, was noch blüht, hängt unweigerlich am Tropf;
statt Rasen mähen Meiers nur noch Staub;
ein stummer Kampf gegen das Verwelken in jedem Topf;
in jeder Regentonne grassiert der Wasserraub.

Aus einem Radio quellen Bossa-Nova-Klänge;
schnell die Füße in einen Eimer mit kaltem Wasser.
Am Getränkeverkauf herrscht großes Gedränge;
die T-Shirts werden vom Schweiß immer nasser.

Kalle sitzt im Café, löffelt seinen Eisbecher leer;
träumt von dem Mädchen aus der Nachbarklasse;
leider macht ihm die Schüchternheit das Leben schwer.
Er geht leicht unter in der lärmenden Menschenmasse.

Pamela sonnt sich träumend im parzellierten Paradies;
hinter Lärmschutzwänden donnert der Zug über die Geleise.

Ein Kleingarten in der Großstadt, mit Wegen aus glattem Kies;
ihr Fleckchen heile Welt; im Laub verdurstet eine Meise.

Wochenende

Hohe Stimmen, helles Schnattern,
Lachen voller Lebensgier;
Skateboards, die hier überall rattern,
coole Teens in ihrem Revier.

Aus tragbaren Boxen dröhnen Beats,
hey ihr Leute, schaut mich an!
Ein Mauerblümchen, keiner sieht's,
verkümmert grau gleich nebenan.

Blaue Tattoos an beiden Knöcheln,
weißes Schlüsselbein in der Sonne;
Träume, die auf Sparflamme köcheln,
Wehmut mischt sich in die Wonne.

Schnell noch Gassi mit dem Hund,
drüben werden Blumen genetzt;
Lea malt sich die Lippen bunt;
im Café ist schon alles besetzt.

Seelengebaumel bei gutem Wein;
im Hospital wird eifrig gestorben;
eine Frau steigt in Rudolfs Auto ein:
schon sehr lange hat er sie umworben.

Ungeahnt

Im Großen und Ganzen OK;
doch der Teufel steckt im Detail;
scheinbar ruhig liegt der See;
doch in weite Tiefen reicht das Seil.

Oma Kruse sitzt heiter vor ihrem Laden;
friedlich ruht sie in ihrem Plastikstuhl.
Während die Besucher unbeschwert baden,
denkt sie an einen ganz anderen Sündenpfuhl.

Ungetilgt trotz vieler Jahrzehnte,
wird sie beim Gedanken immer noch blass;
über das, was sie vergessen wähnte,
wuchs immer noch kein Gras.

Niemand sonst an diesem kleinen Ort
weiß noch von dem Verbrechen;
im Krieg geschah ein Mord,
aus Hass, um sich zu rächen.

Unverdächtigt glitt sie durch die Maschen.
Tragischer Unfall, sehr zu bedauern.
Sie verscharrte ihn unter den Braschen
hinter den hohen, dickwandigen Mauern.

Oma Kruse blinzelt munter;
niemand erahnt ihren inneren Vulkan.
Sie blickt den See hinunter,
als säße er noch im schaukelnden Kahn.

Verkehrschaos

Rush hour – alles hastet in den Stau.
Ampelfarben bannen alle Blicke.
Menschenmengen im rollenden Blechverhau.
Bunte Autos, graue Mienen, gesperrt die Brücke.

Nadelöhr, Engpaß, Flaschenhals,
eng wird's heute überall.
Nervös zupfe ich am Nagelfalz,
die Gedanken fliegen im Überschall.

Gedanken schweifen, Blicke wandern,
Gereiztheit, Irritation;
niemand achtet auf den anderen
in der auto-unmobilen Isolation.

Da gehst Du über den Zebrastreifen;
nickst mir zu, lässt ein Lächeln erblühen:
vergessen sind Karosserien und Autoreifen,
die Momente, die sich qualvoll hinziehen.

Lange sehe ich dir noch nach;
entfernst dich allmählich, wirst immer kleiner;
ich fühle mich glücklich, anders wach,
die Luft ist irgendwie klarer und reiner.

In der Rush hour nur ein kurzer Moment;
ein flüchtiges Aufleuchten auf zartestem Gesicht;
und auch, wenn jeder im Hamsterrad weiterrennt:
– dich vergesse ich so schnell nicht.

Boris Greff   Auf der Sternscheinpromenade

In der Stadtbibliothek

Meine Freundesliste: verstreut auf vielen Buchrücken.
Die rauschendsten Feste feiere ich stumm im Papier.
Lasst mich nur meine Brille zurechtrücken;
dann erlebe ich wilde Abenteuer und kämpfe wie ein Stier.

Buchstaben sind die Schlüssel zu meiner Erfahrung,
Buchseiten enthalten die Landkarten zum Seelenschatz;
die unterdrückten Phantasien aus der Sicherheitsverwahrung,
hier finden sie in anderthalbfachem Abstand ihren Platz.

Unaussprechliches, Undenkbares, Unmögliches –
andere schrieben es für mich auf;
Katastrophales, Kosmisches, Klägliches –
nimmt in Druckerschwärze seinen Lauf.

Das so genannte „wahre Leben"
verläuft meist einsam, an ereignislosen Orten;
Abenteuer und Leidenschaft, tiefinneres Seelenbeben
finde ich ausgedrückt in gedruckten Worten.

Habe ich doch einmal genug von den Regalreihen,
lege ich ein Lesezeichen in die Seiten;

versuche dann, vom Schicksal etwas Glück
auszuleihen,
lasse mich zeitweise zur unlektorierten Realität
verleiten.

Geglückt

Sonne eingesogen mit allen Poren;
liege im Schatten auf dem Balkon;
Gedanken schweifen traumverloren;
fliegen weit mit mir davon.

Deine Hand ruht in der meinen;
Augenlider halb geschlossen.
Sonnenbräune auf den Beinen;
haben die Wärme sehr genossen.

Die Meeresbrandung ist für uns zu weit;
dafür rauscht unter uns der emsige Verkehr.
Viel wichtiger als der Ort: die Zeit.
Denn die verstreicht ohne Wiederkehr.

Niemals tauschte ich unseren kleinen Balkon ein,
hier in der betongrauen Großstadtmitte;
kann ich nur mit dir zusammensein,
brauche ich weder Kreuzfahrtschiff noch
Alpenhütte.

Gefunden

Ich sah dich winken mit allen Zweigen;
habe dich nicht erkannt;
du sandtest mir einen bunten Blütenreigen;
habe ich nicht gesehen, war zu verrannt.

In meiner tiefsten Depression
schicktest du mir zartfühlende Seelen;
war Gefangener einer falschen Illusion,
wollte mich nur noch davonstehlen.

Du kitzeltest mich mit tausend Sonnenstrahlen;
ich ließ die Jalousien runter.
Wolltest mir den Himmel besonders blau malen;
für mich war die Schwärze bunter.

Ich wurde älter, ich wurde krank;
mit Tränen in den Augen gabst du mir Frieden.
Jetzt weiß ich es. Gott sei Dank;
darf ewig leben; muss mich nicht verabschieden.

Finale

Lass uns aus dem Orbit hinausschlendern;
an der Milchstraße stehen so schöne Bänke.
Dort sieht man, wie sich die Kometen verändern,
und die Sonne führt die Zwergplaneten zur Tränke.

Der Mond zeigt sein Kraterlächeln;
spielt vergnügt mit den Gezeiten;
lass dir im Vakuum Luft zufächeln;
betrachte die Sternhaufen von allen Seiten.

Bei dieser funkelnden Sternenparade
ertönt eine sphärische, kosmische Symphonie;
tu noch einen Eisplaneten in deine Limonade;
galaktische Aromen vergisst man nie.

Schau nur unsere Heimatstadt:
gerade so groß wie ein Stecknadelkopf;
die Geranien blühen matt
im Terrakotta-Blumentopf.

Ein Glanzlicht sind wir in der Zeit,
bevor wir zu Sternenstaub zerfallen;
doch lieben wir für die Ewigkeit,
und werden ewig im All nachhallen.

www.gill-verlag.de